AF277283

Todos los libros de Linkgua Ediciones cuentan con modelos de Inteligencia Artificial entrenados por hispanistas. Pregúntale al chat de tu libro lo que desees acerca de la obra o su autor/a.

Para ebooks: Accede a nuestro modelo de IA a través de un enlace.

Para libros impresos: Escanea el código QR de la portada con tu dispositivo móvil.

Obtén análisis detallados de nuestros libros, resúmenes, respuestas a tus preguntas y accede a nuestras ediciones críticas generativas para una experiencia de lectura más enriquecedora.
La transparencia y el respeto hacia la autoría de las fuentes utilizadas son distintivos básicos de nuestro proyecto. Por ello, las respuestas ofrecen, mediante un sistema de citas, las fuentes con las que han sido elaboradas.

Autores varios

# Real Cédula, 21 de octubre de 1817

Barcelona 2025
Linkgua-ediciones.com

# Créditos

Título original: Real Cédula, 21 de octubre de 1817.

© 2025, Red ediciones S.L.

email: info@linkgua.com

Diseño de la colección: Michel Mallard.

ISBN rústica ilustrada: 978-84-9897-3907.
ISBN ebook: 978-84-9953-5388.

# Sumario

Brevísima presentación

La Real Cédula, 21 de octubre de 1817, sobre aumentar la población blanca de la Isla de Cuba fue promulgada por Fernando VII a instancia de la Real Sociedad Económica de La Habana y pretendió la fomentar la inmigración de blancos católicos a Cuba.

# Real Cédula, 21 de octubre de 1817. Sobre aumentar la población blanca de la Isla de Cuba

EL REY. Gobernador capitán general de la isla de Cuba, e Intendente de ejército y Real Hacienda de ella. En cartas de 17 y 18 de enero de este año recomendasteis como de mucha necesidad para la felicidad y conservación de esa inestimable isla, una: representación que acompañasteis del Ayuntamiento, Consulado y Sociedad económica de La Habana, en la que haciendo una sucinta relación de la extensión de la isla, número y calidad de sus habitantes, estado de la agricultura y del de su fuerza física, demuestran que se halla despoblada e indefensa una de las mas importantes posesiones de mi Real corona, y yermos unos campos que cultivados pueden producir los mejores frutos, deseados por las demás naciones: manifiestan que después de haber meditado detenidamente sobre asunto de tanta importancia, no han encontrado otros medios capaces de conciliar y satisfacer tan diversas exigencias; sino el aumento de la población blanca con españoles de la Península o de las islas Canarias, y a falta de éstos con europeos católicos de las potencias amigas; y para ello piden me digne extender a esa isla las gracias concedidas a la de Puerto Rico por mi Real cédula de 10 de agosto de 1815, con las aclaraciones que hicieron las autoridades de aquella provincia, bajo de la instrucción y artículos que al efecto habían extendido y son los siguientes.

Artículo. 1.º Todos los extranjeros de potencias y naciones amigas mías y que pretendan establecerse o que lo estén ya en la isla de Cuba, deberán hacer constar por los medios correspondientes al gobierno de ella, que profesan la Religión

Católica Romana, y sin esta indispensable circunstancia no se les permitirá domiciliarse allí; pero a mis vasallos de estos dominios y los de Indias no se les ha de obligar a esta justificación, respecto de que en ellos no puede recaer duda sobre este punto.

2. A los extranjeros que fueren admitidos conforme al artículo anterior, le recibirá el Gobernador juramento de fidelidad y vasallaje, en que ofrezcan cumplir las leyes y órdenes generales do las Indias, a que están sujetos los españoles.

3. Pasados los cinco primeros años del establecimiento de los colonos extranjeros en la isla y obligándose entonces a permanecer perpetuamente en ella, se les concederán todos los derechos y privilegios de naturalización, e igualmente que a los hijos que hayan llevado o les hubiesen nacido en la misma isla, para que sean admitidos de consiguiente en los empleos honoríficos de república y de la milicia, según los talentos de cada uno.

4. En ningún tiempo se impondrá menor capitación o tributo personal sobre los colonos blancos, y solo lo satisfarán por sus esclavos negros y pardos, a razón de un peso anual por cada uno después de diez años de hallarse establecidos en la isla, sin que jamás se aumente la cuota de este impuesto.

5. Durante los cinco primeros años tendrán libertad los colonos españoles y extranjeros, de devolverse a sus patrias o antiguas residencias; y en este caso se les permitirá sacar de la isla los caudales y bienes que hubiesen llevado a ella, sin pagar derechos algunos de extracción; pero a los que hubieren aumentado en el referido tiempo han de contribuir 10 %.

6. Concedo a los antiguos y nuevos colonos que muriesen en la isla sin herederos forzosos, la facultad de dejar sus bienes a sus parientes o amigos en cualquiera parte que estuvieron, y si estos sucesores quieren establecerse en ella, gozarán de los privilegios concedidos a su causante; pero si prefieren el sacar fuera la herencia, podrán hacerlo pagando sobre la totalidad 15 % por derecho de extracción, siendo después de los cinco años de haberse establecido el colono testador, y si fuere antes de este término satisfarán solo el diez, conforme a lo prevenido en el artículo anterior.

A los que muriesen sin testamento, heredarán íntegramente sus padres, hermanos o parientes, aunque se hallen establecidos en países extranjeros, con tal que se domicilien en la isla siendo católicos, y en el caso de que no puedan o no quieran avecindarse en ella, les permito que dispongan de sus herencias por venta o cesión, según las reglas prefinidas en los dos artículos que preceden.

7. Igualmente concedo a todos los colonos hacendados en la isla, que conforme a las leyes españolas puedan dejar por testamento u otra disposición los bienes raíces que tuvieren y no admitan cómoda división a uno o a mas de sus hijos, con tal que no se cause agravio a las legítimas de los otros, ni a la viuda del testador.

8. Cualquier colono que por causa de algún pleito u otro motivo urgente y justo, necesite pasar a España, a otras provincias de mis Indias a dominios extranjeros, pedirá licencia al gobernador, y podrá obtenerla, con tal que no sea para países enemigos, ni para llevarse sus bienes.

9. Los colonos, así españoles como extranjeros, serán libres por tiempo de quince años de la paga de diezmos de los frutos que produjeron sus tierras, y cumplido dicho término (que ha de contarse desde la fecha del decreto) solo satisfarán el 2 y medio %, que es el cuarto del diezmo.

10. También serán libres por el tiempo expresado del Real derecho de alcabala en las ventas de sus frutos y efectos comerciables, y después pagarán solo un 2 y medio %; pero cuanto embarcasen en naves españolas para estos reinos será exento perpetuamente de todo derecho de extracción.

11. Respecto de que todas los colonos deben estar armados aun en tiempo de paz, para contener a sus esclavos y resistir cualquier invasión o correría de piratas, declaro que esta obligación no les debe constituir en la clase de milicia arreglada, y que la cumplirán con presentar sus armas cada dos meses en la revista que ha de pasar el gobernador o el oficial que destine a este efecto; pero en tiempo de guerra o de alteración de esclavos, deberán concurrir a la defensa de la isla según las disposiciones que tome el jefe de ella.

12. Las naves pertenecientes a los antiguos colonos de cualquier porte y fábrica que sean, han de llevarlas a la isla y matriculadas en ella, se regularán por españoles, igualmente que las que adquiriesen del extranjero por compra u otro legítimo título, quedando libre del derecho de extranjería y habilitación. Y a los que quisiesen fabricar embarcaciones en la misma isla, se les flanqueará el corte de las maderas necesarias por el Gobierno, exceptuándose solo las que estuviesen destinadas para la construcción de bajeles de mi Real Armada.

13. Los extranjeros que vengan de nuevo a esta isla con intención de establecerse en ella, ademas de hacer constar que profesan la religión Católica Romana, manifiestan al Gobierno el oficio o ejercicio honesto y útil a que han de dedicarse, y los bienes, propiedades o caudales que introduzcan y podrán extraer con libertad de derechos, si durante los cinco primeros años determinasen volverse a sus patrias o antiguas residencias.

14. Calificadas por el Gobierno las calidades admisibles del colono, se tomará razón individual en un libro de matrículas, de su nombre, patria, familia, profesión o ejercicio, partido o distrito en que haya de establecerse y caudal o bienes que haya manifestado ser de su propiedad, y se les despachará carta de domicilio, precedido el juramento de fidelidad y vasallaje, en que ofrezca cumplir las leyes y ordenanzas, a que están sujetos los españoles.

15. De las cartas de domicilio, se tomará razón en la Real Contaduría, expresándose en ellas los bienes o caudales manifestados de que debe tenerse conocimiento para el caso de su extracción y se tomará también razón en el Ayuntamiento del partido y por el Comandante subdelegado y juez del distrito donde haya de establecerse el colono, sin que por estas diligencias se les causen costos, ni lleven derechos algunos.

16. Las cartas de domicilio autorizarán a los colonos extranjeros para ser considerados como vecinos de la isla y sus personas y propiedades con la misma inviolabilidad, que la de los antiguos habitantes. De los jueces experimentarán todo buen trato y recta administración de justicia, y de los demás

vecinos, el auxilio y favor de que se harán merecedores por sus calidades y buena conducta; teniendo siempre francos los recursos al Gobierno y segura protección, si se les hiciese algún agravio o perjuicio.

17. Podrán los colonos extranjeros autorizados con la carta de domicilio, adquirir en la isla toda especie de propiedades y fincas rústicas y urbanas, con los mismos requisitos y goces que los vecinos españoles. Les será lícito mudar de residencia o pasar de unos partidos a otros, con conocimiento de los respectivos jueces territoriales. Los que tuvieren oficio o industria provechosa, podrán establecerse y ejercerla donde más le conviniere, con el mismo conocimiento.

18. No podrán los colonos extranjeros durante los cinco años de domicilio, ejercitarse personalmente en el comercio marítimo, ni tener tienda o almacén ni ser dueños de embarcaciones. Pero podrán interesarse en compañía o sociedad en los negocios mercantiles que se hicieren por españoles y las contratas de intereses que con éstos celebrasen, verbales o escritas, tendrán la misma validación y fuerza legal que si fuesen entre español y español.

19. La libertad de volverse los colonos extranjeros a sus patrias o antiguas residencias durante los primeros años, es absoluta, sin limitación, ni condición alguna. Podrán llevarse sus propiedades o disponer de ellas como les convenga.

20. En el caso de guerra con la potencia de que sean naturales los colonos domiciliados, no perderán estos los derechos y ventajas de sus domicilios en la isla de Cuba. Aunque no hayan pasado los cinco años de su establecimiento, sus bie-

nes no estarán sujetos a embargo, secuestro, ni otras providencias de las ordinarias o extraordinarias del estado de guerra. Los que no obstante ella, quieran permanecer en la isla para cumplir los cinco años y matricularse, podrán hacerlo con entera libertad, siendo persona de acreditada buena vida y costumbres. A los que prefieran ausentarse, se les concederá el tiempo suficiente para que con desahogo y comodidad, arreglen sus asuntos y dispongan de sé propiedades, extrayendo libre de derechos todos los bienes que hubiesen introducido en la isla al tiempo de su admisión o su importe equivalente, y pagando de los aumentos el 10 % que señala el artículo 16 de los antecedentes.

21. Los colonos domiciliados, lo mismo que los naturalizados, podrán disponer de sus bienes por testamentos o en cualquiera otra forma auténtica. En caso de muerte se cumplirán religiosamente sus últimas voluntades; no constando estas o falleciendo abintestato, sus hijos o parientes mas cercanos serán sus herederos legítimos con los mismos derechos que sus causantes.

22. Generalmente y para mayor claridad de los artículos anteriores, se declara que jamás en la isla de Cuba se pondrán en práctica los derechos, estilos o costumbres que en otras naciones se conocen de *Aubaine Escheatage*, u otros por los cuales el Gobierno y el fisco secuestra y se adjudica los bienes de extranjeros al tiempo de su muerte; cuyo derecho o costumbre aunque pueda tener lugar en algún caso de extranjeros transeúntes, nunca deberá entenderse ni aplicarse a los domiciliados.

23. En los cinco años de domicilio los colonos no estarán sujetos a contribuciones de ninguna especie, ni a las cargas y gabelas de vecindad conforme a la circular de 1.º de diciembre de 1815, excepto en el único caso de calamidad pública, peligro de la tierra y defensa de las costas contra ladrones o piratas, en cuyos acaecimientos extraordinarios u otros semejantes, todos deben acudir a ayudar y favorecer según los principios conocidos del derecho natural y de gentes.

24. Pasados los cinco años y queriendo naturalizarse los colonos extranjeros, ocurrirán al Gobierno con su carta de domicilio y manifestarán que se obligan a permanecer perpetuamente en la isla. El Gobierno tomará los informes oportunos y resultando calificadas sus buenas calidades, residencia continua de los cinco años, arraigo o industria, les admitirá a prestar juramento de naturalización, en el cual prometerán fidelidad a la religión Católica, al Rey y a las leyes, renunciando todo fuero, privilegio y protección de extranjería y ofreciendo no mantener dependencia, relación y sujeción civil al país de su naturaleza, con explicación de que esto no comprende las relaciones o correspondencias domésticas de familia y parentela, ni las economías de bienes o intereses, que podrá mantener todo extranjero avecindado, en conformidad de la Real Cédula e instrucción de 2 de septiembre de 1791 y circulares posteriores.

25. Con los expresados requisitos se despacharán por el Gobierno las cartas de naturalización por formulario, de que se tomará razón en la Real Contaduría, Ayuntamiento y jueces territoriales respectivos, sin costos ni derechos como en las cartas de domicilio.

26. Los extranjeros naturalizados gozarán todos los derechos y privilegios de españoles, y lo mismos sus hijos legítimos y sus descendientes, con arreglo al artículo 15 de los antecedentes.

27. A los extranjeros que actualmente se hallan establecidos en la isla, les correrá el tiempo de los cinco años desde la fecha de la licencia que hubieren obtenido para su establecimiento, siempre que su residencia haya sido continua; ejercitando estas calidades y las demás precisas de religiosidad y buenas costumbres, serán admitidos al juramento de naturalización y se les despachará su carta conforme a los artículos anteriores.

28. Los extranjeros que sin domicilio adquirido por estas reglas, residan actualmente en esta isla deberán salir de ella en el preciso término de tres meses, que se conceden para que tome su determinación y arreglen sus asuntos: en inteligencia de que pasado dicho tiempo, los que no tuvieren carta de domicilio o de naturalización, y sin embargo subsistan en la isla, serán tratados como inobedientes y sujetos a las justas penas que se les impondrán con el debido conocimiento de causa.

29. Se exceptúan del artículo anterior, los capitanes, sobrecargos y tripulaciones de buques extranjeros, por el tiempo que se permita su admisión en los puertos de la isla de Cuba, considerándose como transeúntes, sin pasar de los mismos puertos habilitados, y solo sujetos a ñas reglas generales de policía y gobierno. Es copia fiel de que certifico. Habana y diciembre 24 de 1810. Lucas de Ariza. Es copia. Pedro Carambot.

# Final

Examinado todo en mi Consejo de las Indias, con lo que en su inteligencia informó la Contaduría general y expuso mi Fiscal me hizo presente su consulta de 24 de septiembre último, y conformándome con él, he tenido a bien aprobar los artículos insertos con las variaciones y adiciones siguientes.

1.º Que se excusen tantas formalidades en las cartas de naturaleza que el Gobernador de cada provincia de la isla de Cuba, con dictamen de su asesor, oiga instructivamente al pretendiente y califique si en él concurren las circunstancias que para la naturalización se exigen en la Real cédula de 10 de Agostó de 1815, y un testimonio en forma del auto en que así se declare, autorizado por el escribano de gobierno, sea la carta de naturaleza.

2. Extrañando que en esa isla no se ofrezcan tierras a los colonos, como se ofrecen en Puerto Rico, y siendo este el medio más eficaz que pueda emplease para atraer a los pobres, que son los que más interesan, os prevengo que practiquéis lo conveniente para que se supla esta falta; principalmente en la parte oriental de la isla, donde habrá más realengos y donde por ahora es más urgente la necesidad de aumentar la población de blancos honrados.

3. Con este fin y los demás que son relativos a este grande objeto, os encargo a ambos jefes que nombréis tres vecinos respetables que cuiden de proponeros cuanto conduzca al intento y de interesar a los demás en las urgentes y juiciosas medidas que conviene tomar.

4. Que entre ellas se tengan muy presentes, la de facilitar el matrimonio a los colonos, designando los parajes donde encuentren mujeres.

5. Siendo preferible la población española a la extranjera se ocupen sin demora en proponeros los medios de conseguirlo, sin que se resienta notablemente la metrópoli, islas Baleares y Canarias. Y finalmente quiero que sin perjuicio de la pronta ejecución de estas providencias, se ocupe todavía mi Consejo en proponerme todas las demás que juzgue oportunas para poblar de blancos las islas de Cuba, Puerto Rico y Santo Domingo. Por tanto os mando así a Vos, como a todas las demás justicias, autoridades y personas a quienes toque o tocar pueda, que guarden, cumplan y ejecuten, y hagan guardar, cumplir y ejecutar todos los artículos insertos en esta mi Real cédula, por ser así mi voluntad. Dada en palacio a 21 de octubre de 1817. Yo el rey. Por mandado del Rey nuestro señor. Esteban Varea. Derechos 60 reales plata. Para que el Gobernador e Intendente de La Habana guarden, cumplan y ejecuten los capítulos insertos sobre aumentar la población blanca en la isla de Cuba, en los términos que se expresan. Corregida. Una rúbrica.

# Libros a la carta

A la carta es un servicio especializado para
empresas,
librerías,
bibliotecas,
editoriales
y centros de enseñanza;
y permite confeccionar libros que, por su formato y concepción, sirven a los
propósitos más específicos de estas instituciones.
Las empresas nos encargan ediciones personalizadas para marketing editorial
o para regalos institucionales. Y los interesados solicitan, a título personal, ediciones antiguas, o no disponibles en el mercado; y las acompañan con notas y comentarios críticos.
Las ediciones tienen como apoyo un libro de estilo con todo tipo de referencias sobre los criterios de tratamiento tipográfico aplicados a nuestros libros que puede ser consultado en Linkgua-ediciones.com.
Linkgua edita por encargo diferentes versiones de una misma obra con distintos tratamientos ortotipográficos (actualizaciones de carácter divulgativo de un clásico, o versiones estrictamente fieles a la edición original de referencia.).
Este servicio de ediciones a la carta le permitirá, si usted se dedica a la enseñanza, tener una forma de hacer pública su interpretación de un texto y, sobre una versión digitalizada «base», usted podrá introducir interpretaciones del texto fuente. Es un tópico que los profesores denuncien en clase los desmanes

de una edición, o vayan comentando errores de interpretación de un texto y esta es una solución útil a esa necesidad del mundo académico.

Asimismo publicamos de manera sistemática, en un mismo catálogo, tesis doctorales y actas de congresos académicos, que son distribuidas a través de nuestra Web.

El servicio de «libros a la carta» funciona de dos formas.

1. Tenemos un fondo de libros digitalizados que usted puede personalizar en

tiradas de al menos cinco ejemplares. Estas personalizaciones pueden ser de todo tipo: añadir notas de clase para uso de un grupo de estudiantes, introducir logos corporativos para uso con fines de marketing empresarial, etc. etc.

2. Buscamos libros descatalogados de otras editoriales y los reeditamos en tiradas cortas a petición de un cliente.

Printed in Poland
by Amazon Fulfillment
Poland Sp. z o.o., Wrocław

69305493R00016